Marius Hoffmann

AF285749

Marius Hoffmann

Schmetterlingseffekt

Gedichte

Umschlag: Paul Cézanne (1839-1906) - La Montagne Sainte-Victoire et le
Château Noir (1904/06), Öl auf Leinwand (Ausschnitt)
Herstellung und Verlag: BoD - Books on Demand, Norderstedt
Printed in Germany
ISBN 978-3-8334-3109-8

Schmetterlingseffekt

„Der Weg ist nichts Gleichgültiges, egal, ob man vorwärts oder rückwärts
fährt; der Ort und der Weg aber sind innen in einem Menschen,
denn der Ort ist der selige Zustand des strebenden Geistes,
und der Weg die ständige Verwandlung
des strebenden Geistes."

(S. Kierkegaard)

Tropfsteinecho

G R U N D

Im Land der
Wachsenden Steine

Findet Moos
Seinen Grund

Unter fallenden
Wassern

KROKUS

Sein Weiß
Taut ins Blau

So sehr
Dass er sich

Wundert
Darüber

BUDDLEIA

Duft aus
Der Kindheit

Schon bist
Du dort

Denkst dir
Die Falter dazu

DIE ROSE

Nie fasst
Du sie

An der
Blüte

GEFILDE

Solltest
Du auf

Schmetterlinge
Hören die

Versehrt
Sind

SCHATTENSPIEL

Seltsame
Birken

Schatten
Auf Weiß

Gelb ein
Paar Blätter

Und
Amseln

Holen sich
Kirschen

IM HERBST

Im
Herbst

Sind
Zugvögel

So
Jung

ZUGVÖGEL

Zwitschern
Im Baum

Und im
Herbst

Erröten
Die Blätter

HINTERGRUNDRAUSCHEN

Verwünschtes
In den Zweigen

Ein Rehlein
Weit weg vom Bach

Häuslich wird es
Mitten im Walde

VERWANDLUNG

Anders zu sein als die
Witterung der Welt

Ein Rehlein im Dickicht
Gekippt ins Verwünschte

Ein Abweg als Ausweg
In der Verwandlung

IM NICHTENTSPRECHENDEN

Schuld der Verzweiflung
Die dich in ihm hält

Nie handelst du
Aus der Unschuld des Tiers

DISTANZ

Einäugig brauchst du
Den Blick der andern

Zur Nacht
Schützen Wölfe

IM KREISVERKEHR

Willst du der Eule
Noch ankreiden

Dass sie mit den Krallen
Vergeblich versucht

Die Ohren sich
Auszureißen

EINHORN

Kein Einhorn
Lebt in der Welt

Wo Bienen
So fehlen

B E Z Ü G E

Seltsame
Vögel

Misst du
An dir

HÖHENANGST

Vogel
Und Fisch

Verstehen sie
Erst im Austausch

MISSVERHÄLTNIS

Hül-
sen sind
Stets Miss-
verhält-
nis

A N T W O R T

Willst
Du's nicht

Dann
Darfst du

Dem Echo
Nicht antworten

E C H O

Vergiss nicht
Dem Echo zu folgen

Führt der Weg
Woandershin

ECHOS

Echos
Sind stets
In Bereit-
schaft

WIEDER AM MEER

Was dich vom
Land aus umfängt

Macht es
Anders

Wellen tragen
Kein Echo

HORIZONT

Auf einem Schiff
In Schräglage

Bleibst du
Aus der Balance

VERHÄLTNIS

Liebst du
Die Bugwelle

Sag's dem
Schiff nicht

FEHLENDE NACHRICHT
VON DEN SCHIFFEN

Du solltest
Weggehen

Dich umdrehen
Vielleicht

Wer sagt
Dass du

Dann
Nicht

Doch
Da wärst

Für J.

<u>S C H I F F S M E L D U N G E N</u>

Sie
Kommen

Wenn sie
Es tun

Ohne
Dass wir

Auf sie
Warten

TRAURIGE NETZE

Gerettete
Leben

Ohne
Den Grund

F R E M D

Fühlst du wie
Wasser in Wasser

Ist Luft auf der
Haut schon fremd

HURRIKAN

Im Auge
Ist er

Stets doch
Um dich

GEÖFFNETE SCHLEUSEN

Vom Wasser
Aus kannst

Du nur
Noch

An Land
Gehen

U M G A N G

Wald und Wasser
Sind sich ähnlich

Und doch so
Verschieden

Im Moment
Deiner Nähe

A M P E R S P I T Z

Ein Bänklein
Steht dort

Als solltest
Du späh'n

Welchen der Wege
Zurück du nimmst

Es ist
Derselbe Fluss

REGENBOGEN

Es ist
So einfach

Nie folgt er
Dem Moment

Vor dem
Weinen

FANGGEDANKEN

Du wirfst
Die Bola

Und sie
Schlingt

Zerdreht
Sich selbst

B U M E R A N G

Trifft er
Sein Ziel nicht

Wird er
Eins finden

IM TRICHTER

Dort hilft es
Dir nicht

Direkt ans Ziel
Zu steuern

LABYRINTH

Es muss kein
Labyrinth sein

Wenn du nicht
Hinausfindest

ZAUBERSTAB

Wie
Rührend

Ein Zauberstab
Im Eierbecher

VERTAN

Rübezahls
Rübenzauber

Ist am Ende
Vertan

U N R E I F

In
Eigene
Opportunität
Übersetztes Füh-
len des jeweils
Dann Situa-
tiven

BLUMENSTRAUSS

Es klappt
Nicht nur das
In den Korb zu
Legen was dir
Am besten
Gefällt

GRUND

Wenn
Der erste nicht
Dein Wesen bedeutet
Hat der zweite noch
Lang kein leich-
tes Spiel

WIE OPPORTUN

Ver-
träge sind
Einzuhalten
Außer wenn
Du's nicht
Tust

B E I D E

Wenn die
Speerspitze zu-
gleich Flanke be-
deutet brauchst
Du für dich
Beide

EIN GLÜCK

Es ist
Ein Glück
Sich beim Ver-
teidigen wohl zu
Fühlen obwohl
Du weißt um
Die Flan-
ken

K E N N U N G

Selbst-
reflexion
Stellt keine
Fragen sie
Erkennt
Sie

BLAUPAUSE

Es
Sich vor-
stellen bleibt
Blaupause ohne
Reflexion auf
Schon eigen
Konkre-
tes

PARALLELEN

Sie
Kannst
Du nicht an
Dich heranlas-
sen sie sind es
Ja schon

TROPFSTEINHÖHLEN

Die deinen
Findest du dort
Wo Tränen sich
Nicht weinen
Können

<u>W E G</u>

Er
Wird zum
Umweg durch
Falsche Fra-
gen

U M W E G

Falsch
Wird er erst

Durch falsche
Antworten

KEGELSCHNITTE

Für sie
Ist er flach

Ihr Wissen
Vom Kegel

MISSVERSTÄNDNIS

Sein Trugbild
Ist süß

Solange
Bedingungen

So
Bleiben

GEBANNTE BILDER

Selbst

Wo sie
Nicht sind

Sie spürst
Du

Dahinter

ZWEI SPIEGEL

Ein Bild

Das zeigt was
Sich ihm zeigt

Und doch wie
Verwünscht

Sich entzieht

IM SPIEGEL

Du siehst
Im Spiegel

Stets das
Vergangene

MIMIKRY

Erkannt
Wird sie

Doch
Gefressen

VERHANGENE WELT

Alles Äußere
Ist dort anders

Vor dir auf der
 Flucht bei der

Du den Grund
Mitnimmst

VERUNENDLICHTES

Du weißt eine schief in sich
Kreisende Wahrnehmung

Kannst du dauerhaft
Nicht durch andere

Verendlichte
Perspektiven auflösen

ANDERS

Anders als
Traurigkeit

Hat Schmerz
Keinen Körper

In dem du dich
Aufhalten kannst

TIEFENWURZLER

Frohsinn und
Schwermut sind

Nicht beide
Tiefenwurzler

GEFÄHRLICH

Gefährlich
Am Schmerz

Ist dein
Wunsch

Dass er
Aufhört

B E T R E T E N

Wenn
Nur heilt

Was
Sich lässt

Schweigt
Die Zeit

Doch
Betreten

S P R U N G

Wer sagt dir
Dass der Abgrund

An dem du vielleicht
Einmal stehst

Nicht deine
Rettung sein kann

SCHWERMUT

Eine Art

Ins Außen
Nur schauen

Oder

Licht nur
Im Innen

PARADOXON

Willst du schneller sein
Als dein Spiegel

Entkommst du dir erst
Wenn du dich hast

PSYCHISCHES ECHO

Der auf
Der Spiegelflä-
che des Selbst zu-
rückgeworfene
Nachklang

SPIEGELWIRKUNG

Zwi-

schen glü-

hendem Rubinrot

Und gefrorenem Aqua-

marinblau lichtflirrende

Tagundnachtschatten de-

ren Ursprünge meilen-

weit voneinander

Entfernt

Sind

VERRÜCKT

Gefühl
Schwarzweißer
Distanz im Moment
Glutfarbener
Nähe

IM KONKRETEN

Der Halt
Deiner Seele

Ist nie die
Idee davon

DAMMBRUCH

Selbst
An Land

Bleibst
Du

Kein
Zuschauer

SCHWERMUT

Ein splitterndes
Rauschen im Herzen

Neben der Scheu
Der Abscheu der Nägel

SCHWERMUT

Verschattetes

Fallen

Dessen

Aufschlag

Du doch

Nicht erlebst

MELANCHOLIE

Luxu-
riös im Fe-
gefeuer sich
Fast Gefal-
lende

STUMME ANGST
IM NACHFELD

Bewegung
Die wieder steht

Sich nicht
Entkommen ist

Und es dort
Wieder spürt

AUSGEKOMMEN

Wenn du dich erst wieder
Einholst im Nachfeld

Wirst du dir als Person
Doch ausgekommen sein

WEGGANG

Gazellen
Werden laufen

Ihnen ist es
Wesenhaft

HINWENDUNG

In der Seele
Brauchst du

Geht er
An die Wunde

Den Menschen
Dazu

S E E L E N W U N D E

Du musst
Dich

Wenn dann

Auch mit der
Deinen einlassen

WIRKLICH

Glaubst du
Wirklich

Die Krankheit
Der Seele könne

Durch Methode
Geheilt werden

POSTWURF

Gekreuzte
Briefe

Wissen
Nichts

Vom
Andern

A N K U N F T

Kein Ort ist
Deswegen traurig

Weil er nicht
Ziel war

ANKUNFT

Auch
Ohne Ziel

Wirst du die
Ankunft merken

KALEIDOSKOP

Dich bergendes
Alleinsein

Im homogen
Vertrauten

Der Reichweite
Eines Blicks

IM SCHWEIGEN

Das letztlich
Entscheidende

Ihn im Schweigen
Zu hören

In der Stimme
Des eigenen Engels

S C H R E C K L I C H

Am
Engel

Ist es

Sein
Weggeh'n

MACHT DER GEWOHNHEIT

Bei
Der Anpas-
sung steht nicht
Allein deine Abwei-
chung davon im
Negativen
Fokus

BEHELF

Eine
Vorstellung

Was es
Nicht ist

HINWENDUNG

Es zählt nie
Das Banner

Unter dem
Sie geschieht

L I E B E

Liebe ist

Wie
Eine Fee

In eigenem
Auftrag

AUSFALLWINKEL

Wenn ihr Licht
Nicht streut

Stell dich in den
Ausfallwinkel

D O R T

Erfüllt sie
Dein Herz

Kannst
Du ihr nie

Aus dem
Weg gehen

ECHO DER FINKEN

Im
Abstand
Dir deine Lie-
be zu glauben und
Mich auf sie zu verlas-
sen hören die Finken
Ihr mahnendes
Echo

KEIN GRUND

Wenn nur du
Dein Herz verlierst

Hast du
Keins mehr

V E R S C H E N K T

Wirst du
Dein Herz

Dann schlagen
Hören dürfen

HAFTUNG

Am Band
Das reißen muss

Ist es gefährlich
Für beide

Zu
Ziehen

GRENZKONFLIKTE

Gibt es dort
Eine Liebe

Die nicht
Selbstlos ist

F A L L

Dein Schatten
Fällt durchs Kleid

Und es schmeichelt
Noch beiden

SCHMETTERLINGSEFFEKT

Hättest du
Doch gewusst

Dass dein
Flügelschlag

Mich so sehr
Treffen werde

LIEBESSPIELE

Bleibt dein Grund
Nicht allein die Person

Trifft zu tief mein
Freundliches Feuer

ICH LIEBE DICH

In der
Verneinung

Ist es
Fast stets

Ernst
Gemeint

LIEBE MIT WIDERRUF

Wie ein See
Ohne Wasser

Er heißt
Anders

B E S C H U S S

Das freundliche Feuer
Nichterfüllter Erwartung

Was zeigt es von dir
Falls Liebe so aufhört

UNTERSCHIED

Zwischen jemanden lieben
Der dich nicht liebt

Und jemanden lieben
Der dich nicht mehr liebt

Liegt dein beschämt
Entäußerter Selbstwert

Unter von ihr doch
Bedingter Erwartung

VERWÜNSCHT

Festgestellt zu bekommen
Ich liebe dich nicht mehr

Und etwas zu lieben
Was jetzt verboten ist

Stellt das Vergangene und
Einen selbst ins Verwünschte

BERÜHRT

Kein
Engel

Geht aus
Dem Leben

Und aus
Den Träumen

NICHT DASSELBE

Heilt
Mein Herz

Mit
Ersatzteilen

Wenn
Dein Schlag

Es
Noch stört

NICHT DASSELBE

Heilt
Mein Herz

Mit
Ersatzteilen

Wenn
Dein Schlag

Es
Noch hört

DOPPELSINN

Zwischen Halten
Und Verhalten

Und Gehen
Und Vergehen

Liegt bei
Beiden

Nur dein
Schritt

AUF DEM WEG

Ahnungen sind
Auf dem Weg

Es ist ihr
Wesen

BEFRUCHTETE EIZELLE

Am
Ende

Bleibst
Du

Ausge-
sperrt

VERSCHIEDEN

Es
Wird

Verschieden
Dem Licht

Solange
Schatten werfen

ZUGVÖGEL

Liebe
Hört nicht

Auf den Ruf
Der Zugvögel

ANHAFTUNG

Auch bei ihrer
Vermeidung

Brauchst
Du ein licht

Verschränktes
Umfeld

N E U M O N D

Siehst
Du dass

Der Triumph
Der Nacht

Keiner
Ist

PARALLELWELT

Eine Art
Von Trauer hin-
ter dem Vorhang und
Hinter den Vorhang de-
legierter Verantwor-
tung im Text

IM VERUNGLÜCKT
KONKRETEN

Nimm es aus dem Wirklichen
In die Welt der Gedanken

Wo es nicht verwünscht ist
Auf dich also antwortet

Weil als solches du es
Dort wieder wahrnimmst

GRENZGÄNGER

Nicht die Maserung
Des Marmors

Den Bruch
Entlang

FAHRTENSCHREIBER

Stell dich
An den Limes

Mit dem
Rücken dazu

Den Blick
Zurück

Ins perspektivisch
Dann Eigene

G L A S K U N S T

Das Licht
Trifft auf

Und bricht
Seine Wärme

Nach
Innen

ROMANTISCHES

Es schaut nicht
Was ist

Es schaut
Wie es sich

Im und auf den
Brennpunkt gerichtet

Wahrnimmt
In dir

SELBSTTRAGENDE BILDER

Schreib so weit
Bis das Kommen-
de daraus du dann
Von selbst siehst

LYRISCHE BEWEGUNG

Bewegung als Folge
Definierter Distanz

Und sei's zunächst
Nur die deiner Augen

LYRISCHE BEWEGUNG

Bewusst-
machender ge-
zielt sich verän-
dernder Blick
Im Blick

LYRISCHE BEWEGUNG

Verdeckt
Nicht Verdecktes

Zwischen

Nicht verdeckt
Verdecktem

LYRISCHE BEWEGUNG

Echos entlang der
Statik der Zeit von
Tropfsteinhöhlen

LYRISCHE BEWEGUNG

So gesehen
Ist Bewegung
Immer Echo

LYRISCHE BEWEGUNG

Das
Weitertragen
Der Welle in seiner
Perspektive ins dann
Doch Andere dem
Es die Türen viel-
leicht öff-
net

GEDICHT

Das erkannt gemalte
Schriftbildzeichen des
Ersten Buchstabens

G E D I C H T

Zurückgerechnetes
Ohne das es

Nicht so wäre
Wie es jetzt ist

MIT NETZ

Auch
Kein Artist
Merkt wenn du
Schreibst mit
Netz

S L A L O M

Bild und
Assoziation ein
Zeitgleicher Sla-
lom auf zwei
Hängen

PERSPEKTIVE

Kennst du
Die Gegend

Genügt

Die Angabe
Des Standorts

KEINE MÜNZE

Wenn du
In Scheinen
Schreibst dann
Reicht keine
Münze

VORLESEN

Beim Hören
Hast du

Offenere
Arme

VORLESEN

Du
Erlebst den
In der Zeit verge-
genwärtigt andau-
ernd bewegten
Bezug

GRENZEN DES DENKENS

Die

Im notwendig

Ganzheitlichen nicht-

entsprechende Beschrän-

kung des Aspektischen

Der im Geist stets ge-

splitterten Wirk-

lichkeit

GEDANKENSPLITTER

Lot

In die
Distanz

Eines
Schritts

AKROBAT

Du
Weißt ja

Ihn darfst du
Nicht schubsen

B R A N D Z E I C H E N

Wenn dich die Wirklichkeit
Von Texten einholt

Tragen sie
Ein Brandzeichen

VERGISSMEINNICHT

Ans tiefe
Blau

Verliert dich
Der Tau

So trauriger
Blüten

W I D E R H A L L

Schau
Nie hin

Ohne
Dein Echo

Inhalt

Weitere Gedichte:

Sonnenuntergang auf blondem Hügel
144 Seiten
ISBN 978-3-89811-044-0
Hardcover ISBN 978-3-7357-7565-8

‚Von Bergen fließen Wasser
Weit über die Ufer
Mit dir hinein in ein
So blaues Umarmen'

Zurück ins Land der Pfirsichblüte
140 Seiten
ISBN 978-3-89811-602-2
Hardcover ISBN 978-3-7357-7749-2

‚Jeder Blick, der auf dir weilte,
Strich wie Lächeln durch dein Haar,
Und als ihr Herz dir fühlbar war,
Dann hört es sich das Eine sagen,
Und fängt an, dich heimzutragen.'

Im Blau der Saphire
152 Seiten
ISBN 978-3-8311-2040-6
Hardcover ISBN 978-3-7357-7459-0

‚Weil Du längst weißt
Dass sie einäugig ist

Lässt Du der Schlange
Den Vorteil der Nacht

Im blutwarmen
Wasser'

Honigfalle
156 Seiten
ISBN 978-3-8334-1260-8
Hardcover ISBN 978-3-7357-7534-4

‚Keiner
Weiß

Ob die Fliege
Am Fänger

Weg
Wollte‘

Schmetterlingseffekt
160 Seiten
ISBN 978-3-8334-3109-8
Hardcover ISBN 978-3-7357-7535-1

‚Solltest
Du auf

Schmetterlinge
Hören die

Versehrt
Sind‘

Lotgänge
176 Seiten
ISBN 978-3-8334-4677-1
Hardcover ISBN 978-3-7357-7543-6

‚Es
Ist vertan die
Ameisen nach dem
Verdienst zu
Fragen'

Blaualgenblüte
200 Seiten
ISBN 978-3-8334-9242-6
Hardcover ISBN 978-3-7357-7741-6

‚Im
Schimmer
Der Blaualgenblüte
Fallen die Schatten der
Weiden nicht tief ins
Verwunschene
Wasser‘

Deichspiele
204 Seiten
ISBN 978-3-8370-0126-6
Hardcover ISBN 978-3-7357-7743-0

‚Wie weit
Kannst du den
Wasserrosen
Folgen'

Der Sprung der Delphine
244 Seiten
ISBN 978-3-8370-9707-8
Hardcover ISBN 978-3-7357-7465-1

‚Noch im Vergessen
Ihn vergessen zu haben
Fehlt dir der Schlüssel
Zu ihrem Geheimnis'

Im Echo der Finken
268 Seiten
ISBN 978-3-8423-5852-2
Hardcover ISBN 978-3-7357-6313-6

‚Glaubst du
Dass es die Liebenden
Nicht sähen falls man sich
Mt ihnen keine Mühe
Mehr gäbe'

Wasserläufer
416 Seiten
ISBN 978-3-8482-0495-3
Hardcover ISBN 978-3-7357-6238-2

‚Bambus
Folgt ihm noch
Schwanger gegen den
Rat sich windstill
Zu lieben'

Das Glück des Orangenmädchens
484 Seiten
ISBN 978-3-7357-4191-2
Hardcover ISBN 978-3-7357-6170-5

‚Selbst
Wenn es
Dich bittet
Wirst du
Es tun'

Kompositionen für Klavier:

Klaviermusik Vol. 1, CD
SKW-86211 (51:29)

(Marius Hoffmann:

1. Clair de lune
2. Nocturne
3. Albumblatt
4. Image
5. Étude-Tableau
6. Wiegenlied
7. Poème
8. Poème
9. Angela
10. Prélude d-moll
11. Vision
12. Nachtstück
13. Poem in fis
14. Poème extatique
15. Poem in e
16. Poème-Nocturne)

Klaviermusik Vol. 2, CD
SKW-86212 (58:02)

(Marius Hoffmann:

1. Dreamings
2. Romanze
3. Poème voilé
4. Poème enchanté
5. Méditation sur le nom de Bach
6. Kaleidoskop
7. Hommage à Scriabine
8. Poème fantasque
9. Valse
10. Poème énigmatique
11. Poème
12. Poème rêvé
13. Poème envolé

14. Enigma
15. Vision noctuelle
16. Boîte à musique
17. Lutin
18. Moustique)

Klaviermusik Vol. 3, CD
SKW-86259 (52:05)

(Alexander Skrjabin: ‚Moments intimes'

1. Poème, op. 32,1
2. Étude, op. 42,4
3. Fragilité, op. 51,1
4. Étude, op. 65,2
5. Poème, op. 69,1
6. Poème, op. 52,1
7. Rêverie, op. 49,3
8. Désir, op. 57,1
9. Poème, op. 59,1
10. Poème fantasque, op. 45,2
11. Caresse dansée, op. 57,2
12. Poème languide, op. 52,3
13. Prélude, op. 48,2
14. Feuillet d'Album, op. 45,1

Marius Hoffmann:

15. Poème mélancolique
16. Étude-Caprice
17. Danse grotesque
18. Impromptu
19. Conte)

Email: Marius.Hoffmann@gmx.de